《群読》実践シリーズ

楽しい群読入門

CD付き

日本群読教育の会＝企画
重水健介＝編著

JN320179

高文研

本書を、群読教育に力を注がれ、群読のすばらしさを教えてくださった家本芳郎先生にささげます。

◆――はじめに

本書は日本群読教育の会が企画編集している〈群読実践シリーズ〉の一冊である。

日本群読教育の会は、子どもたちのすこやかな成長を促す文化活動として、また地域の文化交流の一環として、群読に取り組んでいる方々が会員になっている。詩歌や物語、古典などの文学作品や、さまざまな文章を群読にして、みんなで楽しんでいる。また群読を活用した多彩な実践活動を収集している。さらに、群読のいっそうの普及をめざして全国各地で群読実技講座を開いている。

その実技講座の内容を紹介し、これから群読を始めようと考えている方々への入門書として、本書の出版を企画した。群読実技講座は、日本群読教育の会の創設者で、前会長の家本芳郎先生が講師となって全国各地で開かれていた。長年にわたる積み重ねによって、群読の輪の広がりを実感し始めた頃に家本先生が急逝され、出版計画も中断せざるを得なくなった。

家本芳郎先生が亡くなられて四年、今回、家本先生の「入門講座」を忠実に再現する形で「遺産」を受け継いで、企画を実現させることができた。

本書を手にされた方が、群読への理解を深められ、明るく楽しい学級・学年・学校つくりや地域文化の活性化に、群読を活用していただけることを願っている。

二〇一〇年二月一五日

日本群読教育の会・事務局長　重水健介

●——もくじ

第Ⅲ章　こんな時、こんな場面で、こんな群読

装丁・ＣＤデザイン＝商業デザインセンター・松田　珠恵

◇──ＣＤもくじ

■ＣＤ収録参加者　＊「日本群読教育の会」有志のみなさん
＊西海市立大瀬戸中学校3年橋口陽介学級のみなさん

■ＣＤ録音・編集・ＢＧＭ＝澤野郁文・澤野尚子

第I章

群読って何だろう

✻みんなで唱えると願いがかなう

群読は、詩歌や物語、古典、英文、わらべ歌などさまざまな文章を大勢で読む活動である。仲間と一緒に活動する楽しさの中で、声に出して読むことが好きになる。リズムに乗って読み、言葉の響きの心地よさや語感の面白さを感じることもある。また、読み方をみんなで話し合いながら作品理解を深めることもできる。各種の集会や行事で、群読による発表の場面もよく見かけるようになった。

ところで、大勢で声を合わせることには、どんな意味があるのだろう。

そこには、「大勢で願いごとを唱えると、願いがかなう」という、言葉に対する人々の考え方がベースになっているとわたしは考えている。次のような情景を考えてみたい。

昔、ある村では農作物を育てて生活していた。この夏を越せば収穫の秋を迎えるというときに、日照りが続いた。このままでは育てた農作物が枯れてしまう。村人たちは困り果てていた。

そんなある日、一人の村人が、畑の真ん中に立ち、空に向かって「雨よ、降れー」と大声で叫んだ。と、そこへ別の村人が寄って来て、「何をやっているんだ」と事情を聞いた。二人の気持ちはすぐに通じ、一緒に空に向かって叫ぶことになった。こうして次々と村人が集まり、大勢で「雨よ、降れ。雨よ、降れ」と一斉に声を上げた。すると、雨が降ってきた、という情景である。

いや、実際には降らなかったかも知れない。しかし「雨よ、降れ」と叫んでいた村人たちは、今にも雨が降ってくるような気がしたのではないだろうか。

「大勢で願いごとを唱える」例は、ごく身近なところでも出会うことができる。

わたしは、年に数回、プロ野球を観戦に野球場に行くが、ここでも群読をしている。「かっ飛ばせー○○」「ホームラン、ホームラン○○」と大勢の観客が一斉に叫んでいる。このチャンスによい結果を出してほしいという願いを、みんなで唱えている。

また、テレビやラジオでも群読ＣＭをよく見かける。「ご紹介した液晶テレビ、画面は鮮明、迫力満点」と一方の司会者が言うと、相方が「それはすごい。お値段は?」。それに返して「今日だけ特別○○円でご提供します」「やったー」と交互にかけあった後、最後に「お電話待ってマース」と声を合わせている。これも商品の良さを印象づけ、消費者の購買意欲を引き出すためである。

学校でも、子どもたちが群読する場面は多い。大勢で声を合わせることで集団の理念を共有したり、連帯感を深めたりすることができるからである。

❇群読の効用を検証する

群読には、さまざまな効果が期待できる。九つに整理してみた。

１いつでもどこでもできる

文章を一斉に読むことを斉読という。だが斉読は群読ではない。群読の特徴は分担して読む「分読」にあるからだ。だれがどこを読むか、その分担を書いたものを脚本という。また、脚本には「追いかけるように読む」「異なる文を同時に読む」というような、技法や読み方も記号化して書く。音楽の楽譜のようなものである。

この脚本があれば群読ができる。脚本を人数分印刷して各自が読めるようにする。または、脚本を黒板に大きく書いてみんなで見ながら読む。スライドで大画面に映したり、模造紙のような大きな紙に脚本を書いて、みんなが読めるようにしてもよい。手軽に、いつでもどこでもできる。

次に紹介するのは、修学旅行の終わりにバスの中で生徒たちが、乗務員へのお礼を群読で述べたものである。代表生徒が一人で述べてもよかったが、みんなで感謝の気持ちを伝えようと群読にした。脚本は出発する前に旅行のしおりに印刷しておいて、学級委員の言葉は前夜に学級委員が書いた。

修学旅行、お礼の群読

重水　健介作・編

〈群読脚本〉

女子生徒　　楽しい旅行をありがとうございました。
男子生徒　　思い出がいっぱいできました。
学級全員　　お世話になった山本さん、岩下さん、楠本さんありがとうございました。
男子学級委員　　添乗員の山本さん。今回の旅行ではたいへんお世話になりました。
わたしたちが、班別研修をしているときに、宮本くんが、具合が悪くなったことが

女子学級委員　ありました。電話で本部に連絡すると、すぐに山本さんが来てくださいました。運転士の岩下さんと、乗務員の楠本さん、ありがとうございました。安全運転でわたしたちを目的地に連れて行ってくださいました。有名な場所を通るときには、わざとゆっくり走ってくださいました。乗務員の楠本さん、三日間ありがとうございました。楠本さんはやさしくて親切で、わたしたちのお姉さんのような方でした。楽しいレクもたくさん教えてくださいました。

学級委員全員　山本さん、岩下さん、楠本さん、ありがとうございました。

　学級全員　ありがとうございました。

2いろいろな場面に活用できる

以前テレビで、偶然に群読の場面を見たことが二回あった。一つは、愛知で開かれた国際博覧会、もう一つは全国植樹祭だった。どちらも開会行事の中で群読を使っていた。

学校でも、国語の授業だけでなく学級や学年、学校行事など、いろいろな場面で活用できる。国語の授業で、群読を使って読む力を育てる教師がいた。また、選択教科の国語で、群読を題材として一年間の授業を組み立てた教師もいた。

授業以外にも応用できる。平和集会の「平和宣言」の群読や、文化祭の開会群読、あるいは、生徒会の新役員が就任の決意を群読で述べたこともある。

次は、中学校の人権集会で、実行委員会の生徒が取り組んだ群読である。

■西海市立大瀬戸中学校 人権集会群読

重水 健介編

〈読み手〉実行委員（学年男女各2名、計12名）その中の一人が実行委員長、全校生徒は二〇〇名。

〈群読脚本〉

女子実行委員　人は生まれたときからみんな平等です
男子実行委員　人は誰もが大切にされなければいけません
実行委員全員　だれもが人としての尊厳と権利において平等です
1年女子実行委員　男女のちがい
1年男子実行委員　人種のちがい
2年女子実行委員　生まれた場所のちがい
2年男子実行委員　考え方のちがい
3年女子実行委員　どんなちがいも、差別の理由にはなりません
3年男子実行委員　みんな平等です
実行委員長　わたしたちのまわりでは人権が守られているでしょうか
みんな平等でしょうか。真剣に振り返りましょう

ソロ1　いじめに、苦しみ、悩み、心の叫びをあげている人がいないでしょうか
ソロ2　いじめに加わっている人はいないでしょうか
ソロ3　暴力によって傷つけられている人がいないでしょうか
ソロ4　暴力で物事を解決する人はいないでしょうか
ソロ5　無視されて、孤独に追い込まれている人がいないでしょうか
ソロ6　わたしたちのまわりでは、こんな人権侵害が起こっていないでしょうか
女子実行委員　人はそれぞれ違いがあります。違いはあっていいのです
男子実行委員　人とのちがいを認めた上で、みんな平等です
実行委員長　世界人権宣言を読みましょう。実行委員の後に続けて読んでください
実行委員全員　すべての人間は生まれながらにして平等であり
全校生徒　すべての人間は生まれながらにして平等であり
実行委員全員　かつ尊厳と権利について平等である
全校生徒　かつ尊厳と権利について平等である
実行委員全員　人間は理性と良心を授けられており
全校生徒　人間は理性と良心を授けられており
実行委員全員　互いにきょうだいの精神をもって行動しなければならない
全校生徒　互いにきょうだいの精神をもって行動しなければならない

女子実行委員　わたしたちは差別を許さない人になります
男子実行委員　わたしたちは人権を守る社会をつくる大人になります
実行委員全員　その誓いをここに宣言します
　全校生徒　拍手

学級でも「今月の群読」と題して、毎日、朝の会で群読した。次は中学一年生の学級担任をしたときに取りあげた脚本である。四月なので一日を明るくスタートするために、みんなで群読をした。

四月の群読

重水　健介編

〈読み手〉1〜5は一班〜五班。
〈群読脚本〉

1　今日も楽しく　過ごしましょう
全員　はい
2　みんな仲よく　過ごしましょう
全員　はい
3　勉強　しっかり　励みましょう

全員　はい
4　たくさん　発表しましょうね
全員　はい
5　給食　もりもり　食べますよ（給食のない日は↓「今日は　給食　ありません」）
全員　はい
教師　今日も充実した一日にしよう
全員　はい
　　おはようございまーす

日本群読教育の会の会員からも、いろいろな場面での楽しい群読実践が報告されている。詳しくは『群読実践シリーズ　学級活動・行事を彩る群読』（高文研刊）を参照いただきたい。群読はアイデア次第で、いろいろな場面に応用できる。

3作品理解が深まる

教師対象の群読学習会で、「ふわっ」（あんどうさえ作）を群読脚本化したことがある。

　くらげが　ふわっ。
犬の毛も　ふわっ。

ハムスターも　丸くなって、ふわっ。
おばあちゃんちの　シャムねこも　ふわっ。
ふわふわって
ふとんの中に　いるみたいで、大すき。

ふわっ

あんどうさえ作／重水健介編

【CDトラック　02】

〈読み手〉1、2の二人、または二つのグループで読む。

〈群読脚本〉

12　ふわっ　あんどうさえ
1　くらげが
2　ふわっ
1　犬の毛も
2　ふわっ　ふわっ
1　ハムスターも　丸くなって、
2　ふわっ　ふわっ　ふわっ
1　おばあちゃんちの　シャムねこも

2　ふわっ　ふわっ　ふわっ　ふわっ

1　ふわふわって　ふとんの中に　いるみたいで

2　だーいすき

12　ふわっ　ふわっ　ふわっ　ふわっ　ふわーっ

脚本化にあたっては、次の点を工夫した。

・「ふわっ」という言葉は、そのやわらかさが伝わるように、やさしくゆっくりと読む。

・「ふわっ」という擬態語をだんだん増やして、いくつものやわらかさがあることを表現した。

・原文の「大すき」を「だーいすき」と読むことで気持ちよさを強調した。

このように、脚本をつくるときに「中心となる言葉」や「作者がその作品に込めた気持ち」「作品にふさわしい読み方」などを考えることは多い。グループ内で教材の解釈が異なることもあるが、お互いに意見交換をしながら一つの表現をつくっていく。このようにして作品理解を深めていく。

ちなみに、ここで紹介した群読脚本では、原文を多少書き直したり、言葉を書き加えたりしているが、このように脚本化するときは、表現しやすいように原文の内容をかえない範囲でつくり直してよいだろう。群読において原文は、表現活動の一つの素材と考えるからだ。ただし、作品名と作者名とともに、群読用に脚色したことをそこに記す礼儀を忘れないようにしたい。

4楽しい雰囲気ができる

群読は活気ある雰囲気づくりにも役立つ。

全国の学校や研究会で群読学習会を開くとき、はじめは重い雰囲気が漂っているが、群読を一時間もすると、先ほどまでとは違った、なごやかな雰囲気になる。一緒に声を出すことで、そこに集う人たちの心情的な距離が縮まるからだろう。

5協力性を育てる

群読は脚本を漫然と読むだけではない。一緒に読むことは、協力性を育てることでもある。たとえば、出だしをそろえるために、手拍子などでリズムをとりながら読むことがある。ある小学校低学年を受け持った教師は、タンバリンを使って読み始めや読む速さをそろえていた。

わたしが群読の指導をしたとき、次のような経験をしたことがある。ある子どもが、他の人の担当部分を小声で唱えていた。理由を聞くと、自分の読む部分にスムーズに入っていけるからだという。まわりの子どもたちに、「今、橋口さんは自分が読むときに出遅れないように、前の読み手の山口さんの台詞を一緒に小さな声で読んでいました。だから橋口さんは、山口さんが続けて読んだように滑らかに読めました。とてもよい工夫です。これがまわりと力を合わせるということです」とほめて、協力ということを教えたことがあった。

6表現力を育てる

自分の分担部分を明瞭に読む。相手に文意を伝えるためである。そのために、強く読む、弱く読む、大きい声で読む、小さい声で読む、伸ばす、無声音で読む、悲しい声で読む、弾むような声で読むなど、場面にあった読み方を工夫していく。

こうしたいろいろな読み方の練習の中で、表現力が育っていく。

7訴求力が強くなる

一人で読むよりも、大勢で読む方が訴える力が強くなる。相手に与えるインパクトが強いといってもよい。集会や行事のときなど、みんなできめたことや成し遂げた成果を確認するときなどに、群読は最適である。

8教師の指導力を高める

群読に限らず合唱や集団遊びのような文化活動は、教師の一方的な指示や注意だけでは、楽しく活発なものにならない。要点は「楽しみながら進める」ことである。たとえば発表の仕方や動作を、最初は教師が手本を見せて、次に一緒にやってみる。その活動の様子をほめて、「こうやるともっとよくなる」と留意点を簡潔に伝える。そして次の動きを教える。ほめられるうれしさとみんなで一緒に活動する楽しさの中で、いつの間にか夢中になって盛り上がっていく。

群読の教材を大勢で読ませようとしているとき、子どものたちの声がそろわない、声が小さいという場合、教師はどうするだろう。「声をそろえて、もっと大きな声で読みましょう」と言うことが多いのではないだろうか。こうした教師の言葉で子どもたちの読み方が修正されればよいが、そうならない場合はどうしたらよいだろう。このような場合には指導の言葉を工夫して、子どもたちの力を引き出すようにする。

群読講座では、「地引き網」(西條八十)の斉読から始めることが多い。「一緒に読みましょう。さん、はい」と合図をして読み始めるが、数分前に会場に集まった人たちである。いきなり大声を出すのは照れくさいし、読み間違えると恥ずかしい——どうしてもはじめは声がばらばらで弱々しい。

そんなときは、「やめてください、そろっていません。ばらばらで声が小さいですね。もっと大きな声で読みましょう」とは、言わないようにしている。ここは否定的な言葉は使わずに、参加者のやる気を引き出すようにしたいからである。

「はじめて読んだばかりなのに、とても上手に読めました。それに高度な技法を使った方が何人もいましたよ。その技法はヘテロフォニーといって、『わずかにずれた感じで読む』という読み方です」と言って参加者を笑顔で見つめると、参加者にも笑いがおきて、顔がほころぶ。

そして「三つのことに気をつけましょう。一つは、何となく読み始めるのでなく『今から読むぞ!』と決意して読み始めることです。二つ目は、自分の一番よい表情と姿勢で読むこと。三つ目は、息を大きく吸って読むことです。体を風船だと思って空気をいっぱいに吸いこんでくださいね。ではもう一度。さん、はい」と始める。

このようにして再び読むと、声もそろって声量も大きくなる。群読を通して、このような文化活動の指導力を身につけることができる。

9健康増進にも役立つ

地域の文化サークルなどで群読を取りあげているところがある。一般社会人から参加を募り、月に数回、文学作品などを読んでいる。みんなで大声を出し、お互いの発表を聞いて批評し合う。笑いの中に楽しいひとときを過ごしているという。思いきり声を出すことが、ストレス解消と同時に、健康増進にも役立っているという声を聞いている。

❇群読に適した作品とはどのようなものか

誕生会のお祝い群読のようなオリジナルの場合は別にして、群読の脚本をつくるためには、素材となる作品が必要である。わたしは次の四点を考えて選ぶようにしている。

1リズムのある作品

詩を素材にする場合は、リズムのある文体をもつ作品を選ぶ。群読は、一定のリズムを保って読むのが基本だからである。気にいった作品があったら、まず音読してみる。読んでみて、一行ずつ、あるいは一定の分量ごとに、規則的なリズムで読める場合は群読にしやすい。

2かけ声や擬音がくり返されるもの

くり返しのある文が脚本にしやすい。「うんとこしょ、どっこいしょ」「ふわっ　ふわっ」「ヨイショコ　ショイ　ショイ　ヨイショコ　ショイ」などである。こうした言葉を一定のリズムで読んでいくと躍動感が生まれる。またこれらをくり返しやバックコーラスとして使うことで、作品のテーマを効果的に表現できる。

この1、2を満たす例として、大ヒットしたアニメ映画「崖《がけ》の上のポニョ」の主題歌を群読脚本にしてみた。

■崖の上のポニョ

近藤勝也作詞／宮崎駿補作詞／馬見塚昭久編【CDトラック03】

〈読み手〉1～4はソロまたは4グループで読む。ソロ1と3は男子、2と4は女子。

〈ノート〉小学校低学年向けにつくったので、読みやすいように一部、原作を省略した。＋は漸増法。読み手が増えるにつれて大きく聞こえるように読む。また、原作はポーニョ、ペータペタ、ニーギニギと伸ばしているが、ここでは「ポニョ　ポニョ　ポニョ」「ペタペタ」「ニギニギ」のように、同じテンポで短く読むようにした。

〈群読脚本〉

全員　崖の上のポニョ
1　ポニョ
2　ポニョ
3　ポニョ
4　さかなの子
1　青い海からやってきた

1　ポニョ
＋2　ポニョ
＋3　ポニョ
＋4　ふくらんだ
全員　まんまるおなかの　女の子

1　ペタペタ

2　ピョンピョン
3　ペタペタ
4　ピョンピョン
男子　足っていいな　かけちゃお！

1　ニギニギ
2　ブンブン
3　ニギニギ
4　ブンブン
女子　おてていいな　つないじゃお！

全員　あの子とはねると　心もおどるよ

1　パクパク
2　チュギュッ！
3　パクパク
4　チュギュッ！
全員　あの子が大好き　まっ赤っかの

1　ポニョ
＋2　ポニョ
＋3　ポニョ
＋4　さかなの子
全員　青い海からやってきた

1　ポニョ
＋2　ポニョ
＋3　ポニョ
＋4　ふくらんだ
全員　まんまるおなかの　女の子

3韻を踏んだ文

韻《いん》を踏んだ文とは、同種の音が文中の所定の位置にくり返し出てくるような文のことである。詩だけでなく、わらべ歌や歌謡曲、最近ではラップミュージックなどに韻を踏んだものが多い。

韻を踏んだ文は、音読するとその面白さや美しさを実感できるので群読に向いている。

4 いろいろな声が登場するもの

複数の登場人物が出てくるような詩や物語は、人物ごとに役割分担をしやすく、脚本化しやすい。ただし登場人物が一人の場合であっても、登場人物の言葉や気持ちを表す部分と情景を表す部分、二つの心の対話、現在と思い出の場面、説明部分と呼びかけ部分というように、役割分担をすることができる。

多様な声を必要とする作品は群読にしやすいということである。

第Ⅱ章

群読にチャレンジ

❇まずは群読脚本のつくり方

1斉読、そして群読へ

群読脚本をつるとき、どんな作品を選んだらよいだろう。ここでもやはり、はじめはリズムのあるものがふさわしい。

「地引き網」（西條八十）という作品がある。わたしはこの詩から、大人と子どもが一緒に楽しそうに網を引く情景を思い浮かべた。また「ヨイショコ　ショイ」という言葉のくり返しが、躍動感を生み出しているように感じた。音読してみると、一行ずつ同じ間合いでぴったりとおさまることに気づく。この作品を素材に、脚本をつくっていくことにしよう。

最初に作品の内容やイメージをみんなで共有するために、みんなで読んでみる。まずは教師が全文を読む。これを「範読」という。範読によって読み方やテンポがつかめたところで、教師と子どもたちで一緒に読む。次も一緒に読むが、教師は少し小さい声で読む。次には教師はもっと小さい声で読む。このようにして、子どもたちだけで読むところまで進んでいく。

なお低学年の場合は、一行ずつ教師が読み、その後を子どもたちに読ませるが、教師の読み方を思い出しながら読ませるとよいだろう。こうした読み方を「連れ読み」という。

では、「地引き網」を読んでみよう。

地引き網（斉読）

西條　八十作

【CDトラック　04】

ヨイショコ　ショイ　ショイ　ヨイショコ　ショイ
地引きだ　地引きだ　ヨイショコ　ショイ
大人も子どもも　ヨイショコ　ショイ
それ引け　やれ引け　ヨイショコ　ショイ

松風ザンブ　波ザンブ
それそれ見えたぞ　ヨイショコ　ショイ
ピチピチはねてる　あじ　いわし
金いろ　銀いろ　ヨイショコ　ショイ

そこらで一いき　ヨイショコ　ショイ
あみから首出すたこ入道
大がに小がにも　はいだした
くらげにゃ　さわるな　ヨイショコ　ショイ

男の子どもは　桶《おけ》もってこい
女の子どもは　笊《ざる》もってこい
あみ船おじさん　ご苦労さん
大漁だ　大漁だ　ヨイショコ　ショイ

みんなで斉読をしたが、これはまだ群読ではない。群読の特徴は分担して読む分読にあるからだ。

2バックコーラスを付ける

脚本をつくるときの基本的な技法にバックコーラスを付ける読み方がある。主となる文と同時に、背景音を読む方法である。これをバックグラウンド用法という。

「地引き網」でいうと、くり返し出てくる「ヨイショコ　ショイ」が背景音にふさわしい。

次の脚本の場合、下欄がバックコーラスである。ちなみに、ソロは「一人で読む」、アンサンブルは少人数で読む、コーラスは大勢で読むという意味である。なお、ソロは「一人が読む」ではなく「一人で読む」という意味なので、一文や一段落ずつ読み手を替えてもよい。各パートの人数は、ソロが一人、アンサンブルが全人数の六分の一程度、コーラスは六分の五程度を目安にするとよい。

■地引き網（バックコーラス付き）　西條八十作／家本芳郎編　【CDトラック　05】

ソロまたはアンサンブル	コーラス
	ヨイショコ　ショイ　ショイ　ヨイショコ　ショイ
ヨイショコ　ショイ　ショイ　ヨイショコ　ショイ	ヨイショコ　ショイ　ショイ　ヨイショコ　ショイ
地引きだ　地引きだ　ヨイショコ　ショイ	ヨイショコ　ショイ　ショイ　ヨイショコ　ショイ
大人も子どもも　ヨイショコ　ショイ	ヨイショコ　ショイ　ショイ　ヨイショコ　ショイ
それ引け　やれ引け　ヨイショコ　ショイ	ヨイショコ　ショイ　ショイ　ヨイショコ　ショイ
	ヨイショコ　ショイ　ショイ　ヨイショコ　ショイ
松風ザンブ　波ザンブ	ヨイショコ　ショイ　ショイ　ヨイショコ　ショイ
それそれ見えたぞ　ヨイショコ　ショイ	ヨイショコ　ショイ　ショイ　ヨイショコ　ショイ
ピチピチはねてる　あじ　いわし	ヨイショコ　ショイ　ショイ　ヨイショコ　ショイ
金いろ　銀いろ　ヨイショコ　ショイ	ヨイショコ　ショイ　ショイ　ヨイショコ　ショイ
	ヨイショコ　ショイ　ショイ　ヨイショコ　ショイ
そこらで一いき　ヨイショコ　ショイ	ヨイショコ　ショイ　ショイ　ヨイショコ　ショイ
あみから首出すたこ入道	ヨイショコ　ショイ　ショイ　ヨイショコ　ショイ

大がに　小がにも　はいだした	ヨイショコ　ショイ　ショイ　ヨイショコ　ショイ
くらげにゃ　さわるな　ヨイショコ　ショイ	ヨイショコ　ショイ　ショイ　ヨイショコ　ショイ
	ヨイショコ　ショイ　ショイ　ヨイショコ　ショイ
《後　略》	

上下の欄を右から左へと読んでいく。上欄のソロ（アンサンブル）に対して下欄のコーラスは人数が多いので、同時に読むと、コーラスの声が大きくなって、上欄の声が聞こえにくくなる。

どうしたらいいのだろうか。バックグラウンド用法の群読表現には、上欄優先のセオリーがある。つまり上欄の声が聞こえるように、下欄はやや小さく抑えて読む。ただし上下同じ文のときや、上欄が空きでコーラスだけが読む（空振りという）ときは、一〇〇％の声で読むという約束である。

コーラスは「ヨイショコ　ショイ　ショイ　ヨイショコ　ショイ」を抑えて読み、「松風ザンブ　波ザンブ」が際立つように表現しなくてはならない。

ところが、子どもたちに「コーラスは上欄の声が聞こえるように、やや小さい声で読もう」というと、声の勢いまでなくなってしまうことが多い。「元気よく読もう。ボリュームを少し下げるだけだよ」と言っても、なかなか元気のよい声に戻らない。子どもの場合、「抑えて読む」表現がなかなかできないのである。教師は「声量を落として読む」「小さい声で読む」と指導するが、そうすると、「弱々しく表現」してしまうのである。つまり、子どもの表現は「小さい声＝弱々しい声」になってしまうことが多いということである。

「小さくて弱い声」「小さいけれども強い声」「大きいけれども弱い声」「大きくて強い声」があるが、ここでは「小さいけれども強い声」で読みたい。声は小さくとも、歯切れよくリズムを刻む音がほしい。

こんなときは、「無声音」を教えるとよい。「無声音」とは「声帯を震わせないで出す声」である。

「内緒話、ひそひそ話をしたことがありますね。その声を出してみましょう。息だけの声といってもいいでしょう。『ヨイショコ　ショイ　ショイ　ヨイショコ　ショイ』、よくできました。これを無声音といいます」と、わかりやすく伝えながら練習していく。

無声音の理解ができたら、次に無声音と通常の地声の間の、いくつかの段階の声を教える。
・全部、無声音＝「声が0、息が10」の声
・少し声をまぜて読もう＝「声が3、息が7」の声
・少し声の段階を上げて＝「声が5、息が5」の声
・全部、声＝「声が10、息が0」の声
コーラスの人数にもよるが、「ヨイショコ　ショイ　ショイ　ヨイショコ　ショイ」は、声と息が3対7くらいの声で読むと、ソロ（アンサンブル）の声を消さずに、むしろ際立たせる表現になる。

「上手にできました。これなら、上欄がよく聞こえます。それに背景音の勢いも保っています」と評価しながら、バックコーラスの読み方の基本を教える。

3 脚本の単調さを補う方法

バックコーラスをつけて群読になったが、この脚本には一つだけ不満なところがある。それはコーラスが単調なことである。ずっと「ヨイショコ　ショイ　ショイ　ヨイショコ　ショイ」のくり返しだから、読んでいて飽きてくる。そこでコーラスの部分に変化をつけたものが次の脚本である。

■地引き網

西條八十作／家本芳郎編　【CDトラック　06】

ソロまたはアンサンブル	コーラス
ヨイショコ　ショイ　ショイ　ヨイショコ　ショイ	
	ヨイショコ　ショイ　ショイ　ヨイショコ　ショイ
地引きだ　地引きだ　ヨイショコ　ショイ	○　○　ヨイショコ　ショイ
大人も子どもも　ヨイショコ　ショイ	○　○　ヨイショコ　ショイ
それ引け　やれ引け　ヨイショコ　ショイ	○　やれ引け　ヨイショコ　ショイ＝
	＝ショイ　ヨイショコ　ショイ
	ヨイショコ　ヨイショコ　ヨイショコ　ショイ
松風ザンブ　波ザンブ	ヨイショコ　ショイ　ショイ　ヨイショコ　ショイ
それそれ見えたぞ　ヨイショコ　ショイ	ヨイショコ　ショイ　ショイ　ヨイショコ　ショイ

ピチピチはねてる　あじ　いわし	ヨイショコ　ショイ　ショイ　ヨイショコ　ショイ
金いろ　銀いろ　ヨイショコ　ショイ	ヨイショコ　ショイ　ショイ　ヨイショコ　ショイ＝
	＝ショイ　ヨイショコ　ショイ
	ヨイショコ　ヨイショコ　ヨイショコ　ショイ
そこらで一いき　ヨイショコ　ショイ	○　○　ヨイショコ　ショイ
あみから首出すたこ入道	
大がに小がにも　はいだした	
くらげにゃ　さわるな　ヨイショコ　ショイ	○　○　ヨイショコ　ショイ＝
	＝ショイ　ヨイショコ　ショイ
	ヨイショコ　ヨイショコ　ヨイショコ　ショイ
男の子どもは桶もってこい	
	桶もってこい
女の子どもはざるもってこい	
	ざるもってこい
あみ船おじさん　ご苦労さん	
	ご苦労さん
大漁だ　大漁だ　ヨイショコ　ショイ	○　大漁だ　ヨイショコ　ショイ

大漁だ　大漁だ　ヨイショコ　ショイ	大漁だ　大漁だ　ヨイショコ　ショイ
ヨイショコ　ショイ　ショイ　ヨイショコ　ショイ	ヨイショコ　ショイ　ショイ　ヨイショコ　ショイ
ヨイショコ　ショイ　ショイ　ヨイショコ　ショイ	ヨイショコ　ショイ　ショイ　ヨイショコ　ショイ
くり返しながらだんだん小さくなって消える	

下欄（コーラス）の欄の途中から台詞が書いてあるところは、上欄と同じ台詞から読み始める。五行目はソロが「それ引け」と読んだ後、ソロとコーラスで一緒に「やれ引け」と読むのである。

また、＝は次の行へつながるように勢いよく読む。最後は二〜三回くり返して、次第に小さく消えるように読んで、地引き網が終了する感じを表現して、脚本を完成させた。

なお、「地引き網」を読むときの留意点を三つあげておきたい。

①速くなりすぎないようにする。実際に地引き網を引いている気持ちでゆっくり読む。

②「桶持ってこい」「ざる持ってこい」は、「桶持ってこーい」「ざる持ってこーい」と相手に呼びかけて動作をうながすように読む。

③「ヨイショコ　ヨイショコ　ヨイショコ　ショイ」は、平板に読むのではなく、調子をかえて読む。二番目の「ヨイショコ」は、はじめの「ヨイショコ」よりやや強く、力が入った感じで読み、最後の「ヨイショコ　ショイ」で、再び元の調子に戻って読むようにする。

みなさんも気に入った作品を素材に、脚本つくりにチャレンジしていただきたいと思う。

❇群読、最初の一歩＝ふたり読み

1 群読の導入に最適

子どもの数が減って群読ができないという声を聞くことが多い。そこで、どんな少人数学級でも可能な群読として、家本芳郎先生が考案したのがふたり読みである。これならば、子どもが一人だけの学級でも教師と二人で読むことができる。

2 ふたり読みの読み方

どちらが1を読むか、2を読むかをきめる。タイトルと作者名は1と2の二人で読む。あとは脚本にある1と2の分担にしたがって読む。読み終わったら、1と2の分担を交替して読む。慣れてきたら、速く読んだり、くり返したりというように工夫して読んでみる。

ふたり読みは二人だけの読み方ではない。四〇人のクラスでも、全校二〇〇人でも読むことができる。二つのパートに分けて読むという意味で、ふたり読みといっている。

3 ふたり読みの利点

①群読への入門教材として最適

ふたり読みは朗読と群読の中間に位置する活動である。いきなり群読に取り組むのではなく、ふたり読みによって、みんなで読む楽しさを感じ、いろいろな読み方があることを知る。そして、群読はみんなで読む活動であることを理解する。このように、一人ひとりの朗読の力を育て、さらに群読に発展させていくときに最適な読み方である。

②少人数の学級でも読める

すでに述べているように、児童一人の学級でも教師とふたり読みができる。では、三〇人の学級ではできないかというと、そんなことはない。まず、教師が1を読み、子どもたち全員が2を読む、次に1と2の役割を入れ替えて読む。さらに、学級を廊下側と窓側というように二つに分けて読む。男女で1と2を分担して読むこともできる。隣りの席同士で読んだり、グループ内を二つに分けて読んでもよい。全校二〇〇人でも同様に読むことができる。応用のきく読み方である。

③家庭の団らんに役立つ

親子で読む。きょうだいで読む。詩をおばあちゃんやおじいちゃんと一緒に読んで、その感想を発表してもらった楽しい実践もある。一家団らんを促進することも可能な、楽しい文化活動になる。

次にふたり読みの実例を紹介するが、ふたり読みについては『群読ふたり読み』『群読実践シリーズふたり読み』（共に高文研刊）に詳述されている。

春が来た

高野辰之作／家本芳郎編

〈群読脚本〉①　【CDトラック　07】

12　春が来た　高野辰之
1　春が来た　春が来た　どこに来た
2　山に来た　里に来た　野にも来た
1　花が咲く　花が咲く　どこに咲く
2　山に咲く　里に咲く　野にも咲く
1　鳥が鳴く　鳥が鳴く　どこで鳴く
2　山で鳴く　里で鳴く　野でも鳴く

〈群読脚本〉②　【CDトラック　08】

12　春が来た　高野辰之
1　春が来た
2　春が来た
12　どこに来た
1　山に来た
2　里に来た
12　野にも来た

1　花が咲く
2　花が咲く
1 2　どこに咲く
1　山に咲く
2　里に咲く
1 2　野にも咲く
1　鳥が鳴く
2　鳥が鳴く
1 2　どこで鳴く
1　山で鳴く
2　里で鳴く
1 2　野でも鳴く

英語教育が小学校でも導入されてきている。英語を素材にして、ふたり読みにチャレンジしてみた。

イマジン

ジョン・レノン作／重水健介編

【CDトラック　09】

〈群読脚本〉

1 , 2　Imagine　by John Lennon

1　Imagine

2　there's no heaven　it's easy if you try

1　Imagine

2　no hell below us　above us only sky

1　Imagine

2　all the people　living for today...

2　Imagine

1　there's no countries　it isn't hard to do

2　Imagine

1　nothing to kill or die for　no religion too

2　Imagine　all the people　living life in peace...

1　Imagine

1 , 2　no possessions　I wonder if you can

1　Imagine

1 , 2　no need for greed or hunger　a brotherhood of man

1　Imagine

1 , 2　all the people　sharing all the world...

2　you may say I'm a dreamer　but I'm not the only one

1　I hope someday you'll join us　and the world will live as one

❇群読で正しい発音や語感を育てる

群読は言葉あそびにも活用できる。言葉あそびを通して、正しい発音、滑舌《かつぜつ》、明瞭な声を出す力を育てたい。とくに「きゃ」「しゅ」「ちょ」などの拗音《ようおん》、「りんご」「ランプ」の「ん・ン」のような撥音《はつおん》、また「ざりがに」「のこぎり」などの濁音《だくおん》などを正しく発声できるようにしたい。

楽しく練習しながら上達できれば、それにこしたことはない。幼児期や小学校低学年で、こうした言葉の練習として言葉あそびに取り組みたい。一人で読むよりも、みんなと一緒に大きな声で読む方が楽しくできるので、群読として取り組んでみたい。また、演劇の練習前などに、声を出すウォーミングアップとして活用することもできる。

多くの詩人が言葉あそびの作品を書いている。それらの作品を用いて発音の練習をしながら、あわせて日本語の美しさを味わってほしいものである。

ことばのけいこ

与田準一作／家本芳郎編　【CDトラック　10】

〈読み手〉ソロ1～6で読むようにしているが、1～6の六グループ読むこともできる。

〈ノート〉小学校低学年向けの作品で、拗音の発声練習に適した教材である。

むずかしい発音のところは、なるべく大勢で読むようになっている。

＋は読み手が増えていく漸増《ぜんぞう》法。子どもたちには「声のたし算」と言うとわかりやすい。

〈群読脚本〉

1　けっくう　けっくう
全員　きゃ　きゅ　きょ
2　かえるが　かえると　ことばのけいこ
1 2　けっくう　けっくう
全員　きゃ　きゅ　きょ
2　せっすう　せっすう
全員　しゃ　しゅ　しょ
3　れっしゃは　れっしゃと　ことばのけいこ
2 3　せっすう　せっすう
全員　しゃ　しゅ　しょ
3　にぇおう　にぇおう
全員　にゃ　にゅ　にょ
4　子ねこは　子ねことことばのけいこ

3 4　全員　にぇおう　にぇおう
全員　にゃ　にゅ　にょ

4　ぺっぷう　ぺっぷう
全員　ぴゃ　ぴゅ　ぴょ
5　ポプラの　はっぱが　ことばのけいこ
4 5　ぺっぷう　ぺっぷう
全員　ぴゃ　ぴゅ　ぴょ

5　びゅうびん　びゅうびん
全員　びゃ　びゅ　びょ
6　バイオリンと　バイオリンは　バイオリンの　ことば
5 6　びゅうびん　びゅうびん
全員　びゃ　びゅ　びょ

6　めえもう　まあもう
全員　みゃ　みゅ　みょ

1　まさおと　みよこが　ことばのけいこ
16　めえもう　まあもう
全員　みゃ　みゅ　みょ

1　けっくう　けっくう　きゃ　きゅ　きょ
2　せっすう　せっすう　しゃ　しゅ　しょ
3　にぇおう　にぇおう　にゃ　にゅ　にょ
4　ぺっぷう　ぺっぷう　ぴゃ　ぴゅ　ぴょ
5　びゅうびん　びゅうびん　びゃ　びゅ　びょ
6　めえもう　まあもう　みゃ　みゅ　みょ

6　けっくう　けっくう　きゃ　きゅ　きょ
＋5　せっすう　せっすう　しゃ　しゅ　しょ
＋4　にぇおう　にぇおう　にゃ　にゅ　にょ
＋3　ぺっぷう　ぺっぷう　ぴゃ　ぴゅ　ぴょ
＋2　びゅうびん　びゅうびん　びゃ　びゅ　びょ
＋1　めえもう　まあもう　みゃ　みゅ　みょ

あいうえおくに

家本　芳郎作・編

【CDトラック　11】

〈読み手〉１〜５の五人、または五グループで読む。

〈ノート〉最後の「ん」は無声音でのみこむようにして次の「ごーん」を出す。「んごーん」を三回にして強弱・大小をつけてもおもしろい。１〜５が繰り返さず、１〜10にしてもよい。

〈群読脚本〉

全員　あいうえおくに　家本芳郎

1　あいうえおくにの　まんなかに

2　かきくけこやまが　ありました

3　さしすせそらの　ひがしずみ

4　たちつてとじまり　するころに

5　なにぬねのはらに　むしがなき

1　はひふへほしが　またたいて

2　まみむめもりの　ふくろうが

3　やいゆえよるの　そらをとぶ

4　らりるれろばたの　ひもきえて

5　わいうえをてらの　かねがなる
全員　んごーん　んごーん　んごーん

※唱歌「江戸バカ囃子」を素材に

「唱歌」は「しょうが」と読む。雅楽《ががく》や能、囃子《はやし》など日本の伝統音楽の用語である。琴や尺八、太鼓や三味線といった古典的な楽器の学習に使った記譜法である。伝統音楽の世界では、音階や旋律などを口頭で伝えていた。現代では曲に必要な要素は楽譜に書くが、紙が十分に普及せず、楽譜が一般化しなかった時代には、師匠が弟子へ旋律や音名などを口うつしで教えていたという。こうした伝統的な声の文化である唱歌を群読として現代に蘇らせ、その楽しさを味わいたいものである。

ここで紹介する「江戸バカ囃子」は、祭りでにぎわう様子を三味線やあたり鉦《かね》、太鼓や笛の音で表現している。三味線や笛や太鼓はその音色のように、ややメロディをつけて読む。太鼓は「ドンドン」といかにも太鼓の音のように読む。群読が音楽的であることを実感できる題材でもある。

■唱歌「江戸バカ囃子」

家本　芳郎編　【CDトラック　12】

〈読み手〉四つのグループに分かれて読む。
〈群読脚本〉

1	2	3	4
ケンカのはじめはトンチキメ			
	トントンチキメ　トンチキメ		
		トントンチキメ　トンチキメ	トントンチキメ　トンチキメ
なにをぬかすか　コンチキショー			
	コンコンチキチ　コンチキチ		
		コンコンチキチ　コンチキチ	コンコンチキチ　コンチキチ
ケンカは　やめなよ　かねでもたたき			
	楽しくやろうよ　チャンチキリン		
		チャンチャンチキリン　チャンチキリン	チャンチャンチキリン　チャンチャンチキリン
たいこも　あわせて　おどろうか			
	チンチンドンドン　チンドンドン		
		チンチンドンドン　チンドンドン	チンチンドンドン　チンドンドン
いっしょに　楽しく　はやそうよ			
	テンツクツクツク　テンツクツン		
		テンツクツクツク　テンツクツン	テンツクツクツク　テンツクツン
はじまりはじまり　江戸ばやし			
チャンチャンチキリン　チャンチャンチキリン	チンチンドンドン　チンドンドン	コンコンチキチ　コンチキチ	テンツクツクツク　テンツクツン
チャンチャンチキリン　チャンチャンチキリン	チンチンドンドン　チンドンドン	コンコンチキチ　コンチキチ	テンツクツクツク　テンツクツン
チャンチャンチキリン　チャンチャンチキリン	チンチンドンドン　チンドンドン	コンコンチキチ　コンチキチ	テンツクツクツク　テンツクツン

チャンチャンチキリン　チャンチキリン
ハイ
チンチンドンドン　チンドンドン
コンコンチキチ　コンチキチ
テンツクツクツク　テンツクツン
チャンチャンチキリン　チャンチキリン
チンチンドンドン　チンドンドン
コンコンチキチ　コンチキチ
テンツクツクツク　テンツクツン
チャンチャンチキリン　チャンチキリン
ハイ
ヒャイトロヒャイトロ　ヒャイトロロ
テンテンテレツク　テレツクテン
チャンチャンチキチキ　チャンチキチ
ドンツクドロドロ　ドロツクドン
ハイ
楽しくやろうよ　チャンチキリン
チャンチャンチキリン　チャンチキリン
チャンチャンチキリン　チャンチキリン
くり返し小さくなって消えていく

チンチンドンドン　チンドンドン
コンコンチキチ　コンチキチ
テンツクツクツク　テンツクツン
チャンチャンチキリン　チャンチキリン
チンチンドンドン　チンドンドン
コンコンチキチ　コンチキチ
テンツクツクツク　テンツクツン
チャンチャンチキリン　チャンチキリン
チンチンドンドン　チンドンドン
テンテンテレツク　テレツクテン
チャンチャンチキチキ　チャンチキチ
ドンツクドロドロ　ドロツクドン
ヒャイトロヒャイトロ　ヒャイトロロ
チンチンドンドン　チンドンドン
チャンチャンチキリン　チャンチキリン

コンコンチキチ　コンチキチ
テンツクツクツク　テンツクツン
チャンチャンチキリン　チャンチキリン
チンチンドンドン　チンドンドン
コンコンチキチ　コンチキチ
テンツクツクツク　テンツクツン
チャンチャンチキリン　チャンチキリン
チンチンドンドン　チンドンドン
コンコンチキチ　コンチキチ
チャンチャンチキリン　チャンチキリン
ドンツクドロドロ　ドロツクドン
ヒャイトロヒャイトロ　ヒャイトロロ
テンテンテレツク　テレツクテン
コンコンチキチ　コンチキチ
チャンチャンチキリン　チャンチキリン

テンツクツクツク　テンツクツン
チャンチャンチキリン　チャンチキリン
チンチンドンドン　チンドンドン
コンコンチキチ　コンチキチ
テンツクツクツク　テンツクツン
チャンチャンチキリン　チャンチキリン
チンチンドンドン　チンドンドン
コンコンチキチ　コンチキチ
テンツクツクツク　テンツクツン
ドンツクドロドロ　ドロツクドン
ヒャイトロヒャイトロ　ヒャイトロロ
テンテンテレツク　テレツクテン
チャンチキチキ　チャンチキチ
テンツクツクツク　テンツクツン
チャンチャンチキリン　チャンチキリン

❇物語の群読に挑戦

1 物語群読の留意点

国語の授業や学習発表会などで、物語の群読に取り組む実践が増えている。なぜ朗読でなく群読なのだろうか。それは、群読は大勢で読む活動だから、みんなで読むことでその楽しさに引き込まれ、読むことそのものが好きになるからだと思う。

物語の群読をするときの注意点を考えてみる。

脚本は、物語に登場する人物（動物など）の台詞と地の文で構成される。登場人物ごとに読み手が一人ずつ担当していく。地の文はナレーター（語り手）が読む。基本的にその役割ごとに読む。

このような読み方を「役割読み」と呼んでいる。役割読みをする場合、次の二つの読み方には十分留意したい。

①子どもを全員参加させたいが、登場人物は子どもの数より少ないという場合、一人の登場人物の台詞を、句や一行ごとに数人が順番に読んだり、地の文を複数のナレーターが句ごとに順に読んでいくような読み方はしない方がよい。学級の子どもの数が多いときにやりがちな失敗である。

読み手が頻繁に替わると、声も変わるので、誰の台詞なのか、聞いていてはっきりせず、内容が聞き手に伝わりにくい。また、読み手が次々に交替すると、聞いていて落ち着かず、うるさく感じることが多いからである。

②動作をつけ過ぎないようにする。群読の場合、動作は最小限にとどめるべきである。群読では「目を閉じて聞いても伝わる」ような読み方を心がけたい。

2物語群読の脚本づくりの原則

群読に適した作品は、どんな作品だろうか。とくにきまりはないが、登場人物が多く、その台詞が多い作品がよい。子どもたちの年齢や発達段階、その集団の雰囲気に合った作品の中から、子どもたちが好きな作品、教師が取り上げたい作品を選んでみたい。

脚本をつくる場合は、前述のように「役割読み」にする。つまり、登場人物ごとに読み手を一人きめて、その人がその登場人物のときに読む。また、台詞以外は、ナレーターが読む。こうして原文を生かして脚本をつくる。

しかし、「おじいさんは『………』といった」という形式の文章が続くときは、それを毎回読んでいては、くどい感じがする。そこで、多少原文を変えるようにする。ただし、話の筋を勝手に変えてはならないので、その点は注意する。

おじいさんは「太郎や、家へ帰ろう」といった。

この文は、明らかに「おじいさん」の台詞だとわかる。この場合は、「おじいさんが」「といった」という部分を削って、「太郎や、家へ帰ろう」だけをおじいさん役の読み手が読んでもよい。またはおじいさん役が、「おじいさんは『太郎や、家へ帰ろう』といった」と、全文を読むようにしてもよい。

さらに、ナレーターの読む分量が多い場合を考えてみる。こういう場合は、ナレーターを数人で分担する。この場合は、前述のように、複数のナレーターが、機械的に一文ずつを順番に読むということがないようにする。章ごとに、あるいは情景別になど、文の内容に合わせて入れ替わる。

たとえば、おじいさんのこれまでの人生について書かれたところは「ナレーター1」、情景についての部分は「ナレーター2」が読むというようにである。分担の単位は一文で、よほどのことがない限り、一文を句などで区切って読むことがないようにする。

3 物語群読の演出

脚本ができたら、実際に読んでみよう。そのときの演出については、次のいくつかの点を押さえておきたい。

①内容がより伝わるような演出はあってもよい

群読は演劇とは違うので、基本的には音声だけで相手に伝えるようにする。ただし、作品の内容をより効果的に伝える演出はあってよいだろう。具体的には、次のような演出が考えられる。

【発表者の隊形】

ステージで群読の発表をする場合、主役が中央に立ち、ナレーター役は舞台下手《しもて》に立つ。風の音や動

物の鳴き声などの担当者は、主役を半円形に囲むように後ろに並ぶ。このように登場人物や物語の内容に応じて、立ち位置を考える

【扮装・道具】

ナレーター役は目立たない黒っぽい洋服を着る。複数で同じ登場人物を担当する場合は、似た色の洋服を着るというような工夫をして、聞き手の理解を助ける。おじいさん役はステッキを持つ、または画用紙でつくったひげを付けて読む、というような工夫もおもしろい。

【効果音・背景音】

風や雷の音、動物の鳴き声、鐘の音などが、物語の中で必要なときもある。音は基本的には人間の声で表現する。効果音係が、「かーかー」とカラスの鳴き声をしたり、「ふぉーっふぉーっ」とほら貝の音を、声で表現するようにする。ときには、音楽を流しながら群読をすることもある。そのときは伴奏だけの方がよいだろう。

【照明】

学習発表会や文化祭でステージ発表をするときなど、照明の設備が整っている場合は、発表者に照明をあてるようにする。読み手をはっきりさせるためである。

②動作について

■群読は読む活動だから基本的に動作はつけない。読み手は前方を向いて読む。

動作をする場合は、必要最小限にとどめ、主題を強調したり情景を描写したりするなど、より効果的に表現する場合に限るようにする。群読は演劇とは違う。「朗読と演劇の中間に位置する文化活動」ととらえているからである。その意味で、動作をつけることは悪くないのだが、あまりリアリティーを追求しないようにする。

■動作は様式化した表現がよい。様式化とは一定の約束に従った読み方や動きをすることである。歌舞伎や狂言には様式化された動作がある。群読でいう様式化は、「一定の約束に従って読む」ことである。

「あめ　あめ　あめ　あめ」という文を、次のように間を空けて読むことがある。

「あめ○○○あめ○○○あめ○○あめ○あめ、あめ、あめ」(○の部分は間を空ける拍数)と読むことで、ポツポツと降り出した雨が、やがて降る間隔が短くなり、次第にどしゃ降りになっていくことを表現できる。

動作も同じように考えて様式化する。たとえば「かえるの　ぴょん」という作品のタイトルを読むとき、読み手全員が右手を挙げて、ぴょんと跳ぶ。さらに作品中に数回出てくる「ぴょん」を読むときも、先ほどと同じ動作をする。

このように一定の約束をきめて表現することである。

③脚本は覚えるべきか?

原則として脚本は覚えて読む。普段は脚本を見ながら読んでもよいが、発表会では暗記して読むようにする。

ただし長文で覚えにくいときは、脚本を手に持って発表してもよい。その場合は脚本を持つ位置をそろえるなど、様式化する。合唱団が楽譜を持つときの要領である。

4　大勢を参加させる二つの方法

物語の群読に取り組むとき、登場人物数より子どもの数が多くなることがある。物語中の登場人物は九人、地の文を読む語り手（ナレーター）を入れても一〇人だが、学級の子どもの人数は三〇人というようにである。その作品で全員参加の群読にしたい。どうしたらよいだろうか。

この場合、次の方法が考えられる。

①場面によって役替えする

「場面」ごとに役を替える。一幕から二幕になるところで、全員が交替するというように……。

②一つの役に複数のキャストを組む

■ステージの読み手の足元に、役名を書いた小看板を観客にみえるように置く。小看板は、段ボールを使う。段ボールを組み合わせて、ついたてをつくり、足元に立てる。たとえば「モチモチの木」でいうと、豆太・じいさま・医者・ナレーターと書いた看板を置く。だれが何の役か一目でわかる。

■役を担当する子どもは、役名の小看板のところに一列に縦に並ぶ。観客からは役ごとに最前列の子どもだけが見えるようにする。そのとき、同じ役だとわかるように、同役ごとに扮装の一部分だけでも揃える。ほっぺたを赤くする、ほっかむりをする、全員がひげをつける、というように。

■一番前にいる子どもから読み始める。適当なところで、後ろにいる二番目の子どもと交替する。交替は役ごとにばらばらでかまわないことにする。読み終わった子どもは、静かにその役の列の最後尾に立つ。

■どこで交替するかは、読む分量とその役を担当する子どもたちの数から割り出す。三場面ある物語で、その役を三人の子どもが希望したときは、一人一場面ということにする。人数が極端に多い場合は、一文ずつ交替する方法もあるが、前述したように、次々と読み手が替わり、聞いていて紛らわしくなるので、なるべく避けたい。

わたしたち日本群読教育の会では、これまでに「さんねん峠」「ちいちゃんのかげおくり」「大きなかぶ」「モチモチの木」「鷹の巣取り」「大造じいさんとがん」「走れメロス」などの作品を、群読脚本化してきた。

ここでは「きつねのおきゃくさま」の一節を紹介しよう。

きつねのおきゃくさま　あまんきみこ作／加藤恭子編　【CDトラック 13】

〈読み手〉語り手・きつね・きつね語り・ひよこ・あひる・うさぎ・おおかみの七人

〈ノート〉「↓」はオーバーラップという技法で、ひよこだけの声から、だんだんときつねだけの声に替わっていく読み方。

〈群読脚本〉

全員　むかしむかし、あったとさ。

語り手　はらぺこきつねが歩いていると、やせたひよこがやってきた。

きつね語り　がぶりとやろうと思ったが、やせているので考えた。太らせてから食べようと。

きつね　「やあ、ひよこ」

ひよこ　「やあ、きつねのお兄ちゃん」

きつね　「お兄ちゃん?　やめてくれよ」

きつね語り　きつねはぶるるとみぶるいした。

語り手　でも、ひよこは目を丸くして言った。

ひよこ　「ねえ、お兄ちゃん。どこかにいいすみか、無いかなぁ。困ってるんだ」

きつね語り　きつねは心の中でにやりと笑った。
　きつね　「よしよし、おれのうちに来なよ」
語り手　するとひよこが言ったとさ。
ひよこ　「きつねお兄ちゃんてやさしいねえ」
きつね　「やさしい？　やめてくれったら、そんなせりふ」
語り手　でも、
きつね語り　きつねは生まれて初めて
ひよこ　「やさしい」
きつね語り　なんて言われたので、少しぼうっとなった。
語り手　ひよこを連れて帰る途中
きつね　「おっとっと、落ち着け落ち着け」
語り手　切り株につまずいて、転びそうになったとさ。
きつね語り　きつねは、ひよこにそれはそれはやさしく食べさせた。
　そして、ひよこが、
ひよこ　「やさしいお兄ちゃん」
語り手　と言うと、
きつね語り　ぼうっとなった。
＋きつね　ひよこはまるまる太ってきたぜ。

語り手　ある日、ひよこが
ひよこ　「散歩に行きたい」
語り手　と言い出した。
きつね語り　…はあん。逃げる気かな。
　　　　きつねはそうっとついていった。
語り手　ひよこが春の歌なんか歌いながら歩いていると、やせたあひるがやってきたとさ。
あひる　「やあ、ひよこ。どこかにいい住みかは無いかなぁ。困ってるんだ」
ひよこ　「あるわよ。きつねお兄ちゃんちよ。あたしといっしょに行きましょ」
あひる　「きつね？　とうんでもない。がぶりとやられるよ」
語り手　とあひるが言うと、ひよこは首を振った。
ひよこ　「ううん、きつねお兄ちゃんは、とっても親切なの」
きつね語り　それを陰で聞いたきつねは、うっとりした。
語り手　そして
ひよこ→きつね　「親切なきつね」→「親切なきつね」→「親切なきつね」
語り手　という言葉を五回もつぶやいたとさ。
きつね語り　さあ、そこで急いでうちに帰ると待っていた。

きつね語り　語り手　きつねは、ひよことあひるにそれは親切だった。
そして二人が
ひよこ、あひる　「親切なお兄ちゃん」
語り手　の話をしているのを聞くと
きつね語り　ぼうっとなった。
＋きつね　あひるもまるまる太ってきたぜ。

語り手　ある日、あひるとひよこが
あひる、ひよこ　「散歩に行きたい」
語り手　と言い出した。
きつね語り　…はあん。逃げる気かな。きつねはそうっとついていった。
語り手　ひよことあひるが夏の歌なんかを歌いながら歩いていると、やせたうさぎがやってきたとさ。
うさぎ　「やあ、ひよことあひる。どこかにいい住みかは無いかなぁ。困ってるんだ」
ひよこ、あひる　「あるわよ。きつねお兄ちゃんちよ。あたしたちといっしょに行きましょ」
うさぎ　「きつねだって？　とうんでもない。がぶりとやられるよ」
ひよこ、あひる　「ううん、きつねお兄ちゃんは神様みたいなんだよ」
語り手　それを陰で聞いたきつねは、うっとりして気絶しそうになったとさ。そこで

きつね語り　きつねは、ひよことあひるとうさぎを、そうとも、神様みたいに育てた。
語り手　そして、三人が
ひよこ、あひる、うさぎ　「神様みたいなお兄ちゃん」
語り手　の話をしていると、
きつね語り　ぼうっとなった。
＋きつね　うさぎもまるまる太ってきたぜ。

語り手　ある日、くろくも山のおおかみが下りてきたとさ。
おおかみ　「こりゃうまそうなにおいだねえ。ふんふん、ひよこに、あひるに、うさぎだな。」
きつね　「いや、まだいるぞ。きつねがいるぞ」
きつね語り　言うなり、きつねは飛び出した。きつねの体に勇気がりんりんとわいた。
全員　おお、戦ったとも。戦ったとも。
きつね語り　実に、実に勇ましかったぜ。
語り手　そして、おおかみは、とうとう逃げて行ったとさ。

語り手　その晩、きつねは、はずかしそうに笑って死んだ。
語り手　まるまる太った
＋ひよこ　ひよこと

＋あひる　　あひると
＋うさぎ　　うさぎは、
ひよこ、あひる、うさぎ　　にじの森に、小さいお墓を作った。

語り手　　そして
ひよこ　　世界一やさしい
あひる　　親切な
うさぎ　　神様みたいな
ひよこ、あひる、うさぎ　　そのうえ勇敢なきつねのために
＋語り手　　涙を流しましたとさ。
全員　　とっぴんぱらりのぷう。

❇大きな声が出せる群読

1大きな声を育てるねらい

子どもたちの読む力が衰えてきている。休み時間には大声で遊んでいる子どもでも、授業中に教科書を読ませると、さっきまでの勢いは消えて小さな声でぼそぼそと読むことが多い。まず気づくのは、声の小ささ、弱さである。そんなとき、どう指導すればよいのだろうか。

「声が小さいよ。もっと大きな声で読みなさい」と注意して読み直させるのか。最初はそう言っても、何度も続けない方がよいだろう。子どもにしてみれば、読むたびに注意されていては、だんだん読むことが嫌いになると思うからだ。そこで、大きな声を引き出す授業が求められる。

そのとき、次のことに留意しておきたい。

①大きな声の出せる教材を選ぶこと

②群読で表現すること

「群読で表現する」としたのは、一人で大きな声を出して読むことが苦手になってきたからである。集団で読む中で、一人ひとりの子どもの声を引き出そうというねらいである。一人で大きな声を出すのは恥ずかしいが、大勢にまぎれて大きな声を出すうちに、だんだんと一人でも大きな声が出せるようになるからである。みんなと楽しく読みながら、しぜんにどの子も大きな声が出せるようにしたい。

そんな課題にふさわしい作品が次の「らいおん」である。

らいおん　　渡辺　美知子

らいおんは
らいおーんとよぼう
らいおんでは
王さまらしくない

強そうでない
あんなにりっぱな
たてがみをもっているのに
それではあまりにもかわいそう
らいおんは
らいおーんとよぼう
らいおーん

この詩は、小学校低学年向けの教材だが、中学生にも大人にも充分に通用する。わたしは教師向けの群読講座や子どもたちに指導するとき、次のように進めている。

教　師「この詩の本文中には『らいおん』という言葉が何カ所出てきますか。線を引きましょう」

子ども「六個あります」

教　師「そうです。六個です。順番に番号を1番から6番まで書いてください。では、それぞれの『らいおん』をどう読んだらいいか考えてみましょう。この中で、説明的に読む『らいおん』と、呼びかけるように読む『らいおん』との二つに分けられます。呼びかけに二重線を引いてみましょう」

さらに「では、それぞれの『らいおん』はどんな読み方が合うと思いますか」と聞きながら、子どもたちの意見を引き出して、板書していく。

1らいおんは　…はっきりと読む。
2らいおーんとよぼう　…堂々と強いライオンが吠えるよう読む。
3らいおんでは　…弱々しく読む。
王さまらしくない
強そうでない
あんなにりっぱな
たてがみをもっているのに
それではあまりにもかわいそう
4らいおんは　…きっぱりと読む。
5らいおーんとよぼう　…2よりさらに堂々と遠吠えしているように読む。
6らいおーん　…百獣の王の威厳をこめて天に響くように強く大きく読む。

3の「らいおん」は説明的に読むか、呼びかけかで意見が分かれるところである。呼びかけは「らいおーん」と「ー」が入っているが、3の「らいおん」は「ー」がないからである。しかし、文意からいうと「呼びかけ」になるだろう。

2「声のものさし」をつくる

どのくらい大きな声を出したらいいのか、声の大小については、小学校低学年の頃から指導しておきたい。教室の中ではどのくらいの声の大きさで話せばはっきり聞こえるか、グループの話し合いではどれくらいの音量がよいかなど、状況に見合った声を使い分ける力が必要だと思うからだ。場面に応じた声の大小、強弱の表現ができる力を育てたい。

しかし、声の大きさや強弱について、わたしたちは「もっと大きな声で」とか、「ここは一番大きな声で」というように漠然と指示することが多い。ただ、こうした言い方では「大きな声」「最大の声」の境界線が曖昧《あいまい》になるので、最初に「声のものさし」をつくっておく。

ホーンのPを使って、次のようにつくってみた。小学校低学年の子どもにも理解できるように五段階にしている。

1P　自分にしか聞こえないくらいのかすかな声
2P　班（グループ）の人に聞こえるくらいの声
3P　教室のみんな人にはっきり聞こえる声
4P　体育館中のみんなにはっきり聞こえる声
5P　校庭（運動場）の向こうの人まではっきり聞こえる声

このように、声の大きさを五段階に分け、それぞれの目安を話し合った後、分読して群読する。

なお、小学校高学年から中学生になると、さらに細かく一〇段階に設定することもできるだろう。

わたしは「声のものさし」をイラスト化（64ページ）して教室に貼り、必要なときにみんなで見ながら使っている。「今から班の話し合いをしてください。2Pの声でやってください」とか、「教科書を各自1Pの声で読んでください」というように使うこともできる。


「さて、次は詩の中の六個の『らいおん』をどの大きさで読んだらいいか考えて、番号のところに2Pとか3Pというように書いてください」と発問する。

最後の6の「らいおん」は最大級の5Pの声だから、小学校のものさしなら5P、中学校だったら10Pとなる。そこをまずみんなで確認して、あとの五つの「らいおん」の声の大きさをきめていく。また、「らいおん」以外の文は3Pを基本にしようときめると、考えやすいだろう。

読むときに、声の大きさの差異が表現できれば成功といえる。

■らいおん（斉読）

渡辺　美知子作

【CDトラック　14】

	小学校の場合	中学校の場合
らいおんは	3P	5P
らいおーんとよぼう	4P	8P
らいおんでは	2P	4P
王さまらしくない		
強そうでない		
あんなにりっぱな		
たてがみをもっているのに		
それではあまりにもかわいそう		
らいおんは	3P	6P
らいおーんとよぼう	4P	9P
らいおーん	5P	10P

3　群読として表現する

「らいおん」を素材にして、斉読するときの声の大きさに焦点をあてたが、声のものさしを使って群読として表現することもできる。次のような脚本をつくってみた。

らいおん

渡辺美知子作／家本芳郎編・重水健介改編　【CDトラック　15】

〈読み手〉ＡＢＣはソロ、または三つのグループで読む。

〈ノート〉声のものさしは五段階用。漸増法と追いかけの技法を使っている。

本文中二行目の「らいおーん」を漸増法で、終わりから二行目の「らいおーん」を追いかけで表現するために、それぞれ原作に「らいおん」を二行つけ加えた。また終末効果を高めるために、最後に「らいおーん」をくり返した。読み手は全員としたが、ここは観客も一緒に読むという意味で「全員」とした。

〈群読脚本〉

ＡＢＣ	らいおん	３Ｐ
Ｃ	渡辺美知子	３Ｐ
Ａ	らいおんは	２Ｐ
Ａ	らいおーん	３Ｐ
＋Ｂ	らいおーん	３Ｐ

＋C　らいおーんとよぼう　3P
B　らいおんでは　2P
A　王さまらしくない　3P
B　強そうでない　3P
C　あんなにりっぱな
　　たてがみをもっているのに　3P
ABC　それではあまりにもかわいそう　3P
A　らいおんは　3P
＋B　らいおーんとよぼう　4P
A　らいおーん　4P
B　　らいおーん　4P
C　　　らいおーん　4P
ABC　らいおーん　5P
全員　らいおーん　5P

この「らいおん」を教材に、文化活動として、学年や学級で「『らいおん』群読大会」を開いてもおもしろい。班や学級ごとに発表する。ステージに、椅子・机などを利用して岩場をつくり、中央の一段高い岩の上に王冠をかぶった王様らいおんが立ち、以下らいおんたちが適宜に並ぶ。「らいおーん」は身をふるわせて、たてがみがなびいているようにを頭を左右に振りながら叫ぶ。

大きな声を出す作品に挑戦してみたいものである。

ここで取り上げた渡辺美知子さんの「らいおん」は、大きな声を出す入門教材として最もふさわしいと考え、掲載させていただきました。しかし作者の渡辺美知子さんに、本書で作品を取り上げる旨を伝え、使用の許諾をお願いするためにいろいろと連絡先を探しましたが、どうしてもわかりませんでした。渡辺美知子さんの連絡先をご存じの方は、ぜひご一報いただけますようお願いいたします。

第Ⅲ章

こんな時、こんな場面で、こんな群読

❇群読指導の手順

はじめに脚本をみんなで読んで内容を理解する。その後、作品にふさわしい読み方をみんなで相談してきめて、めざす読み方に近づくように練習する。大きくこのような流れで進める。

群読を指導するときの手順の一例を以下に示してみよう。

①群読脚本のそれぞれの文をどう読むか、読み方をきめる。読む速さ、抑揚のつけ方、間の取り方、声の大きさなどを話し合ってきめていく。

②読み方にしたがって斉読する。自分の声だけでなく、他の人の声も聞こえるように、まるく輪になって読む。ここではみんな大きな声を出して読むようにする。教師もこの斉読に加わって、大きな声で斉読をリードする。この斉読をくり返すうちに、自分の声がまわりの声になじんでいく。はじめは、異質な声がいくつも合わさったように聞こえるが、だんだん違和感のない、とけあった集団の声になっていく。これが「声がなじむ」ということである。

③次に、順番に一文ずつ読んでいく。これを一文読みという。教師は全文を読み、子どもの一文読みを助けるが、二回、三回と回数を重ねるにつれて、教師は次第に声を小さくして、一文を担当する子どもの声だけになるようにする。このとき、はっきり聞こえる声か、①できめた読み方ができているかなど、みんなで意見交換をしながら進める。

④誰がどこを読むか、分読の分担をする。③で意見交換した結果をもとにしながらきめていく。このとき、「全員」で読む部分であっても、誰か一人は読まない人をつくる。どのように聞こえたか、修正すべき点は何かなど、客観的に批評できる役目をするためである。

⑤分担にしたがって読む。ここでもはじめは全員で読む。自分の分担箇所は大きな声で読み、分担以外のところは小声で読む。他の人の分担部分も読むことで、自分の担当する文が前の人の文とつながるように滑らかに読むことができるようになる。

⑥完全に分読してみる。一回読むたびに意見交換をしながら、群読を完成させていく。

❇学校生活に生かせる群読

群読は国語などの授業だけでなく、学級活動や行事などで活用することができる。群読活動の発展としていろいろな場面で取り組んでみたい。ここでは、「学級での取り組みを達成したお祝い」「四月学年集会での教師の決意」「学校ＣＭ」「授業参観」の各場面で群読を取りあげた例を紹介する。いきいきとした活動のようすが群読によって再現されている。

１目標達成お祝いの会

忘れ物ゼロの取り組みを成功させ、帰りの会で目標達成お祝いの会をしたときの家本芳郎先生の群読実践である。ＣＤの音声は、長崎県西海市立大瀬戸中学校三年の橋口陽介学級が再現している。

これまで何度も忘れ物ゼロを達成しそうになったが、あと一歩のところで失敗していた。忘れ物チャンピオンの安藤くんがいたからである。そこでまわりは安藤くんを励ましたり、電話で明日の予定を確認したり、メモを書かせたりして取り組んだ。安藤くんも明日の予定をメモ帳に書き、鞄に貼るなどして取り組んだ。その結果、とうとう忘れ物ゼロを達成した日である。

学習係が黒板に脚本を書き、みんなでそれを読みながら群読したものである。日頃から群読に親しんでいる学級だからこそ、すぐに脚本をつくることができたのだろう。

脚本には、子どもたちが熱心に取り組んできた気持ちが、各班の言葉の漸増によって表現されている。特筆すべきは安藤くんの出番もつくったことである。「一人の力は弱くてもみんなで協力すれば達成できる」という「おおきなかぶ」の発想である。温かく前進的な学級の雰囲気が伝わってくる。

■目標達成お祝いの会

家本　芳郎作

【CDトラック　16】

学習係　やったぞ
全員　ついにゼロを達成しました
1班　苦しかったなあ
＋2班　泣きたくなったよ
＋3班　投げ出したくなったよ

＋4班　でもがんばったなあ
＋5班　よくやったよ
班長　最後にひとつ、最後の最後の
安藤　小さな力が加わって
全員　ついに目標達成したんだ
女子　一人の力でできないことも
男子　みんなでやればこわくない
全員　これからも、明るく楽しく元気よく、力をあわせてがんばろう
先生　がんばろう
全員　おーっ

2学年びらき

中学三年生の始業式の翌日、はじめての学年集会を、教師と子どもたちの出会いの場（学年びらき）と位置づけて、そこで教師の決意を発表した。最初は教師が順番にあいさつするように計画していたが、みんなで呼びかけた方が子どもたちへのインパクトが強いのではないかというアイデアから、群読と合唱でやってみることになった。

学年教師みんなで、子どもに伝えたいことを相談しながら脚本をつくっていった。学年びらき前日に

数回練習し、脚本を手に持って発表した。本番では、言い間違いや声がそろわない場面もあったが、子どもたちは教師の群読を真剣に聞いていた。この群読の後、ギターの得意な教師の伴奏で「四季の歌」を合唱した。

教師から子どもたちへ

重水　健介作

【CDトラック　17】

A　三年生のみなさん
全員　こんにちは。
B　いよいよ三年生としての一年間が始まります。
C　わたしたちは、みなさんと一緒にスタートができることをとても嬉しく思っています。
D　三年の意味を考えてみましょう。
全員　三年は最終学年です。
E　義務教育最後の学年です。悔いのないように過ごしましょう。
全員　三年は最高学年です。
F　学校のリーダーとなる学年です。下級生を行動でひっぱりましょう。
全員　三年は進路をきめる年です。
G　自分の夢に向かって励みましょう。

Ａ　わたしたち三年職員もベストを尽くします。
全員　みなさん、一緒にがんばりましょう。
全員　よろしくお願いします。(『四季の歌』へと続く)

3学校のコマーシャル

学校のＣＭを群読で行った例である。新入生を対象としたオリエンテーションや歓迎行事などに使うと効果的である。ここでは大阪女子学園高校のＣＭを紹介する。ユーモアを交えて楽しく表現している。下欄の「女子学園」の部分を「第一小」や「六の二」のようにしたり、また上欄もそれに適する台詞にかえると、オリジナルＣＭができる。児童集会で「今月は五年二組と六年二組の群読ＣＭです」と、この群読を活用した発表を実践した学校もある。読み手が一歩前に出て読んだり、横断幕で読む言葉を大きく示したりするなど、パフォーマンスを伴った活動にすると、さらに盛り上がる。

学校ＣＭ「大阪女子学園」【ＣＤトラック18】

アンサンブル(ソロ)	コーラス
いこうや　いこうや	女子学園

自由があるねん
美人がいっぱい
プールはないよ
　女子学園
友だちいっぱい
　女子学園
おいしい学食　コロッケ　コロッケ
　コロッケ　コロッケ
女子学園　女子学園
やさしい先生
おもろい先生
　女子学園
生徒もやさしい
生徒もおもろい
　女子学園
伸び伸びすごせる
　女子学園

愛と真実　明るい学園	
	女子学
	女子学
	女子学　女子学
女子学園	女子学園
高校はやっぱし	
	大阪の
大阪　大阪　大阪　大阪　女子学園	大阪　大阪　大阪　大阪　女子学園

4 授業参観

授業参観の終わりに、ちょっとした保護者向けの出し物を企画したい。親への感謝と授業参観に来てくれたことへのお礼の気持ちを込めて、子どもたちが群読で発表した例を紹介する。

授業の後、子どもたちは教室の前方にさっと集まり、ソロ、アンサンブル、コーラスのパート別に並ぶ。ソロは希望者にやらせてもよいし、班長がやってもよい。アンサンブルは、どこか一つのグループ、コーラスは他のみんなで読むようにした。なおソロ、アンサンブル、コーラスは、学級を三つのグループに分けて読むこともできる。事前に脚本中のソロとアンサンブルの文章を学級で話し合わせてきめておく。その話し合いが、保護者への感謝の気持ちを育むことにもなる。

授業参観での群読

新井　仲夫作

【ＣＤトラック　19】

ソロ	アンサンブル	コーラス
母さんたちは		
	いつもたいへんだ	
		そうだそうだ
食事をつくり		
	洗濯もする	
		たいへんたいへん
疲れているから		
	休んでもらおう	
		だめだよだめだよ
それより私たちが		
	手伝うことだ	
		なるほどなるほど
休んでもらうには		

	それしかないよ	
		わかったわかった
あすからいっぱい		
	手伝おう	
オー	オー	オー

✻集いの終わりにみんなで群読

1　群読で今日の集いをまとめよう

発表会や学習会の終わりには、その会を振り返りながら、気勢を上げてしめくくりたい。

次の脚本は（　　　）の部分に、その場面に適する言葉を入れて群読にする。応用のきく群読脚本である。学習会のまとめだけでなく、「新年度の学級びらき」や「授業参観」など、活動の節目やキャンプのスタンツなどにも応用できる。さらにコーラスの言葉をかえると、いろいろな場面に応用できる。

ソロ	コーラス
（　　　　）	
	まいった　まいった
（　　　　）	

	だめだ　だめだ
（　　）	
	なるほど　なるほど
（　　）	
	やったぜ　やったぜ
（　　）	
	すごいぞ　すごいぞ
（　　）	
	そうだ　そうだ
（　　）	
	ガンバレ　ガンバレ
（　　）	
オー	オー

わたしは群読学習会の終わりに、学習のまとめとして次のような群読で締めくくるようにしている。ソロの部分はリーダーが読んでもよいし、一つのグループでアンサンブルとして発表してもよい。最後の「オー」は、みんなで拳《こぶし》をあげて「やった」という気持ちを表現する。

まとめの群読

家本　芳郎編

【CDトラック　20】

ソロ	コーラス
土曜の午後なのに群読の学習会だってよ⁉	
	まいった　まいった
家へ帰って寝ようかな	
	だめだ　だめだ
教師が勉強しないで子どもたちに勉強しろと言えるかな	
	なるほど　なるほど
子どもの気持ちになって胸躍らせて表現したぞ	
	やったぜ　やったぜ
群読ってこんなに楽しい文化活動とは知らなかったぞ	
	すごいぞ　すごいぞ
参加しなかった先生方にも大いに宣伝するぞ	
	そうだ　そうだ
学級づくりに授業に行事に活用するぞ	

	ガンバレ　ガンバレ
子どもの文化、学級文化、学校文化を育てるぞ	
オー	オー

この「まとめの群読」の脚本を使って、学級活動に応用した実践も多い。たとえば二学期の始業式の日に、次のような群読でスタートすることもできる。ソロの部分は、子どもたちの意見を聞きながらまとめたものである。ソロはアンサンブルにして、グループ単位で読ませてもよい。

ソロ	コーラス
あっという間に夏休みが終わったな!?	
	まいった　まいった
勉強する気がおきないよ	
	だめだ　だめだ
まずは、生活のリズムを整えることだ	
	なるほど　なるほど
一学期の楽しく盛り上がった二組を思いだそう	
	やったぜ　やったぜ

二学期は、修学旅行や文化祭と楽しい行事がいっぱいあるぞ！	
	すごいぞ　すごいぞ
何事にもみんなで挑戦する、二組の合い言葉を思いだそう	
	そうだ　そうだ
一人ぼっちのないクラス、みんな一緒に伸びていくクラス	
	ガンバレ　ガンバレ
ゴーゴー二組、二学期も明るく楽しくやっていこう！	
	オー

2 最後はみんなで盛り上がろう

集会や行事も盛り上がってしめくくりたい。わたしも家本芳郎先生の講座にならって、群読学習会の最後は、みんなで元気の出る群読をやっている。

こんなときにふさわしい作品が「祭りだ　わっしょい」（北原白秋）である。明るく元気のよい「わっしょいわっしょい」のかけ声の中で、力強く楽しい祭りが展開される。文化祭の開会行事や学習発表会のフィナーレなど、行事の中で活用されることが多い。

この「祭りだ　わっしょい」の紹介で、本書もしめくくりとしたい。

「祭りだ　わっしょい」の脚本の冒頭は、次のようになっている。

ソロ　まつりだぞ
アンサンブル　まつりだぞ
コーラス1　まつりだぞ
コーラス2　まつりだぞ
ソロ　みこしがでるぞ
アンサンブル　みこしだぞ
コーラス1　くりだすぞ
コーラス1・2　ねりだすぞ

読み手はソロ、アンサンブル、コーラス1・2。ソロは「お祭り委員長」、アンサンブルは「祭りの役員」、コーラス1と2は、それぞれ「山手の人々」「下町の人々」という役割設定である。

冒頭のソロ「まつりだぞ」は、どう表現したらいいだろうか。多いのは「まつりだぞッ」と短く言い切る宣言的な読み方である。ある群読学習会の群読でも、ソロに立候補した人は宣言的な読み方だった。大声で抑揚をつけずに伸ばす読み方も多い。

しかしここは、宣言や伸ばすのではなく、「祭りが始まるぞー、みんな集まれー」と誘うように表現したい。そこで「とても上手でした。次は『まつりだぞ』を、町内の人を誘うような気持ちで表現してみてください」と言うと、二回目は見違えるように上手に読み、会場中から拍手が起こった。

ただし子どもの場合は、やり直しをさせてもなかなか誘うような読み方ができない。「誘うように読んでみましょう」「みんなに『祭りがはじまるから出てこーい』と呼びかけてみましょう」と言っても、なかなかそうした表現を引き出すことはできない。

こうしたとき、とるべき方法として三つが考えられる。

①配役を変更する

②教師が見本となる読み方を示す

③教師の指導言によってめざす表現を引き出す

この三つのなかで、①はとるべきではないだろう。せっかく立候補した子どもの自尊心を傷つけるからだ。群読に限らず、指導が一回でうまくいかなかったとき、解決のための工夫をせず、「この子はダメだから次の子へ」という発想はしない方がよい。

次に②はいい方法だが、教師のすることを真似するだけになりがちである。したがって、子どもの表現の力を育てるために最もよい方法は、③だろう。

子どもの力をしぜんに引き出すことが大切だが、指導の工夫や知恵が問われることになる。

家本芳郎先生は群読学習会で、③で試み、それでもうまくいかないときは②で、それでもうまくいかないときは、ソロを二人にする方法をとった。こうすることでソロに立候補した人を傷つけることなく負担を軽減し、かつ、めざす読み方に近づけることができる。

家本先生の③の場合の指導言を紹介しておく。

『まつりだぞー』の『ぞー』を斜め上にのばしていって、行き着いたら、先を丸めて胸元へ『ぞーぃ』と戻してくる」と、手と指を使って教えていた。「のばして、丸めて、引き戻す」という、わかりやすい伝え方だった。また、誘うとは「一緒になろうよ、出ておいでよ」と招くことだから、このような読み方になると解説していた。こう指導すると参加者の声が誘うような表現になった。

なお、ソロとバックコーラスが同時に読む部分は、第Ⅱ章の「地引き網」で述べたように、ソロを引き立たせるために、コーラスは勢いを保ったまま抑えた声で読まなくてはならない。しかし、威勢のよい掛け声はなかなか抑えにくい。その結果、ソロが聞こえにくくなることがある。そのような場合には、ソロだけがマイクを使って読ませるような手だてもあってよいだろう。

■祭りだ　わっしょい

北原白秋作／家本芳郎編　【CDトラック21】

ソロ	アンサンブル	コーラス1	コーラス2
まつりだぞ			
	まつりだぞ		
		まつりだぞ	

			まつりだぞ
みこしがでるぞ			
	みこしだぞ		
		くりだすぞ	
		ねりだすぞ	ねりだすぞ
むこうはちまき			
きりりとしめて			
	わっしょいわっしょい		
		わっしょいわっしょい	わっしょいわっしょい
せなかに花がさ			
そろいのはっぴだ	そろいのはっぴだ		
		わっしょいわっしょい	
		わっしょいわっしょい	わっしょいわっしょい
みこしだ　みこしだ			
子どものまつりだ	子どものまつりだ		
		わっしょいわっしょい	わっしょいわっしょい
さんしょはつぶでも			

ぴりっとからいぞ			
	これでもいさみの		
	神田のうじ子だ（＊）		
		わっしょいわっしょい	わっしょいわっしょい
しっかりかついだ			
	死んでもはなすな		
		そらもめ　そらもめ	
			そらもめ　そらもめ
まわせ　まわせ			
	ぐるっとまわせ		
		ぐるっとまわせ	ぐるっとまわせ
泣き虫すっとべ		わっしょいわっしょい	わっしょいわっしょい
	すっとべすっとべ	わっしょいわっしょい	わっしょいわっしょい
いじめもすっとべ		わっしょいわっしょい	わっしょいわっしょい
	すっとべすっとべ	わっしょいわっしょい	わっしょいわっしょい
わっしょいわっしょい			
	わっしょいわっしょい		

けいきをつけろ
わっしょいわっしょい
そらどけ　そらどけ
金魚屋もにげろ
わっしょいわっしょい

しおまけ　しおまけ
わっしょいわっしょい
みこしがとおるぞ
ほおずき屋もにげろ
わっしょいわっしょい

わっしょいわっしょい
けいきをつけろ
わっしょいわっしょい
そらどけ　そらどけ
金魚屋もにげろ
わっしょいわっしょい

わっしょいわっしょい
水まけ　水まけ
わっしょいわっしょい
みこしがとおるぞ
ほおずき屋もにげろ

			わっしょいわっしょい
みこしだ　みこしだ		わっしょいわっしょい	わっしょいわっしょい
	子どものまつりだ	わっしょいわっしょい	わっしょいわっしょい
わっしょいわっしょい	わっしょいわっしょい	わっしょいわっしょい	わっしょいわっしょい
わっしょいわっしょい	わっしょいわっしょい	わっしょいわっしょい	わっしょいわっしょい
まつりだ			
まつりだ	まつりだ		
まつりだ	まつりだ	まつりだ	
まつりだ	まつりだ	まつりだ	まつりだ
○	○	○	○
○	○	○	○
おまつりだ！	おまつりだ！	おまつりだ！	おまつりだ！

＊＝「神田」は各地の地名、学校名に変更するとよい

日本群読教育の会

「声の文化」としての群読を研究し、実践する有志の会として発足。年に一度の全国研究大会をはじめ、群読実技講座の開催や会員の実践記録集などの出版、およびメール送信による会報を発行している。
ホームページ http://gundoku.web.infoseek.co.jp/

重水健介（しげみず・けんすけ）

1958年、長崎県に生まれる。日本群読教育の会事務局長。長崎県の公立中学校に数学担当として三十数年勤め、現在に至る。
編著書：『学級活動・行事を彩る群読』『すぐ使える群読の技法』『続・いつでもどこでも群読』（以上、高文研）『クラスがまとまる わくわく 学級イベント104』（ひまわり社）『すぐつかえる学級担任ハンドブック 中学校２年生』（たんぽぽ出版）など。

《群読》実践シリーズ 楽しい群読［入門］

●2010年４月１日――――――第１刷発行
●2012年10月１日――――――第２刷発行

編 著 者／日本群読教育の会＋重水健介

発 行 所／株式会社 高 文 研
東京都千代田区猿楽町２－１－８（〒101-0064）
☎03-3295-3415 振替口座／00160-6-18956
ホームページ http://www.koubunken.co.jp

組版／ＷｅｂＤ（ウェブ・ディー）
印刷・製本／三省堂印刷株式会社

ISBN978-4-87498-439-0 C0037

◆教師のしごと・より豊かな実践をめざして――高文研の「群読」シリーズ

群読実践シリーズ
ふたり読み
日本群読教育の会＋家本芳郎＝編
【CD付き】１、９００円
群読の導入にふたり読みは最適。すぐに使えるシナリオと音声で実際を伝える。

群読実践シリーズ
学級活動・行事を彩る群読
日本群読教育の会＋重水健介＝編
【CD付き】１、９００円
学級開き、朝の会、学年集会、卒業式などで使える群読を、脚本とCDで紹介！

群読実践シリーズ
すぐ使える群読の技法【CD付き】
１、９００円
日本群読教育の会＋重水健介＝編著
基礎から応用まで、27の「群読技法」をCDの音声とともに具体的に紹介する。

群読実践シリーズ
古典を楽しむ【CD付き】
日本群読教育の会＋毛利豊＝編著
１、９００円
古典学習に群読を取り入れた多彩な実践を紹介、実際を脚本とCDで再現する。

CDブック 家本芳郎と楽しむ群読
家本芳郎編・解説・演出　２、２００円
声の文化活動＝群読の実際を、群読教育の第一人者が自ら演出し、青年劇場の劇団員が若々しい声を響かせたCDブック。

新版 楽しい群読脚本集
家本芳郎＝編・脚色　１、６００円
群読教育の先駆者が、全国で開いてきた群読ワークショップで練り上げた脚本を集大成。演出方法や種々の技法も説明。

群読 ふたり読み
――ふたりで読めば、なお楽し――
家本芳郎＝編・脚色　１、４００円
群読の導入に、小規模学級での朗読に、家庭での団らんに、いますぐ声に出して読める楽しい詩のふたり読みシナリオ！

群読をつくる
脚本作りから発声・表現・演出まで
家本芳郎著　２、５００円
〝声の文化活動〟群読教育の第一人者が、群読の様々な技法について詳細かつ具体的に叙述した群読の基本テキスト。

いつでもどこでも群読
家本芳郎＋日本群読教育の会＝編
１、６００円
授業で、学級活動で、学習発表会で、集会・行事で、地域のなかで。さまざまな場で響く群読の声を、脚本とともに紹介。

続・いつでもどこでも群読
家本＋重水＋日本群読教育の会＝編
【CD付き】２、２００円
永年、群読教育に取り組んできた日本群読教育の会が、さまざまな実践を紹介しつつ、CDで群読実践の成果を大公開！

CDブック・群読日本国憲法
高良鉄美・毛利豊・青年劇場
１、５００円
日本国憲法の「精髄」を群読脚本化。ドラマチックな舞台俳優の群読が、強く、美しく、胸に響く憲法の世界を伝える！

合唱・群読・集団遊び
家本芳郎著　１、５００円
文化・行事活動の第一人者が、指導の方法・道筋を具体的に提示しつつ展開する、魅力あふれる文化活動の世界。

★表示価格はすべて本体価格です。このほかに別途、消費税が加算されます。